ANIMAUX DES PRAIRIES

Chelsea Donaldson

Texte français de Claudine Azoula

Éditions Scholastic

L'éditeur a fait tout en son pouvoir pour trouver le détenteur du copyright de toute photographie utilisée et serait heureux qu'on lui signale toute erreur ou toute omission.

Crédit pour les illustrations et les photos

Couverture : © Daniel J. Cox; p. i (bordure) et iii (bordure) : Photodisc via SODA; p. i (illustration), 5, 15, 29 et 33 : © Roberta Olenick/Never-Spook-the-Animals Wildlife Photography; p. iv (carte) : HotHouse; p. iv-1 (prairie) : © Walter Bibikow/age fotostock/Maxx Images Inc.; p. 2 : © Wayne Shiels/Lone Pine Photo; p. 3 : © Tannis Shiels/Lone Pine Photo; p. 6 : © Thomas Kitchin et Victoria Hurst; p. 7 : © Don Johnston/age fotostock/Maxx Images Inc.; p. 8-9 : © Fritz Poelking/age fotostock/Maxx Images Inc.; p. 10 : © SuperStock/Maxx Images Inc.; p. 11 et 12 : Alan et Sandy Carey/Ivy Images; p. 13 © Lynn Stone/Animals Animals–Earth Scenes/Maxx Images Inc.; p. 14 : © Charles Volkland/age fotostock/Maxx Images Inc.; p. 16, 40-41 : Jim Brandenburg/Minden Pictures; p. 17 © Gerlach Nature Photography/Animals Animals–Earth Scenes/Maxx Images Inc.; p. 18-19 : © Erwin et Peggy Bauer/Animals Animals–Earth Scenes/Maxx Images Inc.; p. 20 : Daybreak Imagery/Animals Animals–Earth Scenes/Maxx Images Inc.; p. 21 et 42 : © Tom et Pat Leeson; p. 22 à 25 : © Allen Blake Sheldon; p. 26 © Phyllis Greenberg/Animals Animals–Earth Scenes/Maxx Images Inc.; p. 27 (en haut, à dr.) : © E.A. Janes/age fotostock/Maxx Images Inc.; p. 27 (en bas, à g.) : © John W. Warden/age fotostock/Maxx Images Inc.; p. 28 : © McDonald Wildlife Photography/Animals Animals–Earth Scenes/Maxx Images Inc.; p. 30 et 38 : Wayne Lankinen/Ivy Images; p. 32 : © Victoria McCormick/Animals Animals–Earth Scenes/Maxx Images Inc.; p. 34 : © Brian Milne/Animals Animals–Earth Scenes/Maxx Images Inc.; p. 35 : © C.W. Schwartz/Animals Animals–Earth Scenes/Maxx Images Inc.; p. 36 : © Leonard Rue Enterprises/Animals Animals–Earth Scenes/Maxx Images Inc.; p. 39 : © Dominique Braud/Animals Animals–Earth Scenes/Maxx Images Inc.; p. 43 : © Donald Higgs/Index Stock/Maxx Images Inc.; p. 44 (en haut) : Allen Montgomery/U.S. Fish & Wildlife Service; p. 44 (en bas, à g.) : U.S. Fish & Wildlife Service; p. 44 (en bas, à dr.) : James C. Leupold/U.S. Fish & Wildlife Service; 4e de couverture : Yellowstone National Park via SODA.

Produit par Focus Strategic Communications Inc.
Gestion et édition du projet : Adrianna Edwards
Conception graphique et mise en pages : Lisa Platt
Recherche pour les photos : Elizabeth Kelly

Un merci tout particulier à Bill Freedman, de l'Université Dalhousie, pour son expertise.

Catalogage avant publication de Bibliothèque et Archives Canada

Donaldson, Chelsea, 1959-
Animaux des Prairies / Chelsea Donaldson; texte français de Claudine Azoulay.
(Canada vu de près)
ISBN-13 : 978-0-439-93667-5
ISBN-10 : 0-439-93667-5
1. Faune des prairies--Canada--Ouvrages pour la jeunesse. I. Titre. II. Collection.
QL115.3.D6514 2007   j591.74'0971   C2006-906246-3

6 5 4 3 2 1   Imprimé au Canada   07 08 09 10 11

TABLE DES MATIÈRES

Les prairies canadiennes

Pôle Nord

Alaska

Canada

États-Unis

☐ Région des prairies canadiennes

■ Canada

☐ États-Unis

Bienvenue dans les prairies!

Les prairies s'étendent sur le sud du Manitoba, de la Saskatchewan et de l'Alberta. Il y a des millions d'années, une épaisse couche de glace recouvrait cette région. Puis la glace a fondu. L'eau s'est écoulée et évaporée, laissant une vaste étendue de terres plates. Une grande variété de plantes a commencé à y pousser.

Les prairies ont beaucoup changé depuis. Les fermiers ont constaté que le sol était excellent pour l'agriculture. De nos jours, la plus grande partie de ces terres est utilisée pour la culture des céréales et l'élevage du bétail.

Les animaux sauvages qui peuplaient cette région ont dû s'adapter aux changements subis par les terres. Certains, comme le bison et l'antilocapre, ont presque disparu. D'autres se sont très bien habitués à leur nouvel environnement. Allons découvrir ces animaux des prairies!

CHAPITRE 1

Le spermophile de Richardson

C'est une journée calme. Dans un immense champ, un papillon volette. Des mouches vrombissent. Des bourdons butinent les fleurs. Des souris se faufilent dans l'herbe courte.

Tout à coup, une créature à poil ras surgit d'un terrier et se dresse sur ses pattes de derrière. À l'affût du danger, elle scrute l'horizon de ses yeux vifs. Puis elle retombe à quatre pattes et part en quête de nourriture.

Le spermophile est
un écureuil terrestre.
À cause de l'habitude
qu'il a de se dresser
sur ses pattes de
derrière, on le confond
souvent avec le chien
de prairie. Mais le
chien de prairie est
généralement plus
gros que lui. On le
confond aussi, parfois,
avec le gaufre,
un autre écureuil
terrestre beaucoup
plus petit, qu'on trouve
dans les prairies.

L'animal dont on
parle ici s'appelle
spermophile de Richardson.

Si tu découvres un trou creusé par un spermophile, tu en verras sûrement d'autres aux alentours. Ils conduisent tous à un incroyable réseau souterrain de galeries et de chambres. Il y a même un coin toilette. Le terrier au complet peut mesurer jusqu'à 10 mètres de longueur!

Les terriers sont grands parce que les spermophiles passent la majeure partie de leur vie sous terre. Certains commencent à hiberner dès la mi-juin. Au printemps et en été, ils sortent durant la journée. Mais s'il pleut ou s'il fait trop chaud, ils retournent sous terre.

Les spermophiles peuvent être nuisibles pour les agriculteurs parce qu'ils dévorent les nouvelles cultures et l'herbe destinée au bétail. Ils creusent aussi des trous dans les champs qui viennent d'être ensemencés. Il arrive que les chevaux se blessent en marchant dans ces trous.

Mais les spermophiles jouent aussi un rôle important. Leurs terriers servent d'abris aux souris, aux campagnols ainsi qu'aux chevêches des terriers. Et les faucons, les blaireaux, les belettes et les renards ont besoin des spermophiles pour se nourrir. Chaque créature a sa place dans la nature.

CHAPITRE 2

Le monarque

Est-ce que tu t'es déjà demandé pourquoi
les monarques ont des couleurs aussi
éclatantes? On pourrait croire qu'avec leurs
taches noires et orange vif, ils seraient à la
merci des prédateurs qui pourraient ainsi
les repérer facilement.

Au contraire, par leur habit coloré,
les monarques préviennent les autres
animaux qu'ils ne sont pas bons à manger.
En fait, pour la plupart des animaux,
les monarques sont carrément toxiques!

Les monarques tirent leur poison de l'asclépiade. Cette plante est l'unique nourriture des chenilles de monarque. Lorsque les chenilles se sont transformées en papillons, ceux-ci retournent sur les asclépiades pour y pondre leurs œufs. Sans cette plante, les monarques ne pourraient pas survivre.

À l'automne, ces papillons migrent vers le sud pour éviter le rude hiver. Ils volent sur des milliers de kilomètres. Il n'y a sans doute aucun autre insecte sur terre qui fasse un aussi long voyage.

Les scientifiques ont mis beaucoup de temps à trouver où se rendaient les monarques. Puis, un jour, une équipe dirigée par un scientifique canadien a découvert leur destination.

Ces chercheurs ont suivi les papillons dans une région située à haute altitude, dans les montagnes du Mexique. Les arbres, à cet endroit, semblaient recouverts de feuilles mortes et les branches ployaient sous leur poids.

En y regardant de plus près, les chercheurs ont vu que ces « feuilles » étaient, en fait, des millions de monarques dont les ailes étaient refermées. Quand la température a monté, tous les papillons se sont réveillés et se sont envolés en même temps.

La douceur de l'air a dû leur faire savoir qu'il était temps de retourner dans les prairies!

CHAPITRE 3

Le blaireau

Le blaireau se reconnaît aux deux taches noires qui ornent ses joues. Son front est large et plat, et son museau, étroit.
Sa tête a la forme d'une pelle pointue.

Ces caractéristiques lui conviennent bien puisque le blaireau *adore* creuser. Ses pattes de devant puissantes, aux très longues griffes, lui servent à faire des galeries dans le sol. Ses deux grandes pattes de derrière lui permettent de rejeter la terre. Ses yeux sont recouverts d'une pellicule transparente qui les protège des jets de terre.

Il ne faut pas se laisser duper par la peau flasque du blaireau et par ses mouvements lents et maladroits. Si un animal l'attaque, sa peau lâche le protégera des blessures. Et, à l'aide de ses dents et de ses griffes pointues, il arrivera à se défendre contre presque n'importe quel assaillant. Même des animaux plus grands, comme les coyotes, apprennent que le blaireau ne recule jamais au cours d'une bataille.

Le blaireau est aussi un chasseur féroce.
Il repère, à leur odeur, les spermophiles
ou d'autres proies. Avec ses griffes
puissantes, il creuse alors le terrier de sa
proie et passe à l'attaque. Si l'animal n'est
pas là, le blaireau creuse parfois la sortie
du tunnel afin de pouvoir s'y glisser. Puis
il se tapit près de l'entrée et attend.

Imagine que tu es un spermophile.
Tu rentres chez toi, où tu seras bien à
l'abri pour faire une petite sieste.
Tu sautes tête première dans ton terrier
et te retrouves nez à nez avec des dents
aussi tranchantes qu'un rasoir!

Le blaireau frappe encore!

CHAPITRE 4

La chevêche des terriers

La chevêche des terriers est une chouette de petite taille qui fait souvent son nid dans l'abri abandonné d'un spermophile ou d'un blaireau.

Il peut sembler bizarre qu'une chouette fasse son nid sous terre. Mais à bien y penser, il n'y a pas beaucoup d'arbres ni d'endroits élevés où elle puisse se percher dans les prairies! En vivant dans un terrier, la chouette dispose d'un plus grand choix de logements.

La chevêche des terriers a trouvé d'autres moyens de s'adapter à son environnement. Par exemple, elle a de longues pattes, semblables à des échasses, qui lui permettent de bien voir par-dessus les herbes courtes des prairies. Alors que la plupart des chouettes ne se nourrissent que de rongeurs, la chevêche des terriers, elle, mange aussi des insectes... un menu bien pratique quand on vit sous terre!

La chevêche des terriers est petite, de la taille d'un merle environ. Ainsi, elle loge facilement dans les terriers déjà creusés par d'autres animaux.

Quand un couple de chevêches trouve un terrier à son goût, le mâle et la femelle se servent de leurs ailes, de leur bec et de leurs pattes pour l'agrandir. Ils en tapissent ensuite les parois avec des plumes, des feuilles et du crottin.

Les scientifiques ne savent pas avec certitude pourquoi ces oiseaux agissent ainsi. Ils veulent peut-être attirer les insectes appelés bousiers. MIAM! Ce pourrait être aussi pour dissimuler leur propre odeur et écarter les prédateurs. Ou bien pour renforcer les parois du terrier et les empêcher de s'écrouler. Ou encore, pour augmenter la température dans le terrier afin que les œufs éclosent plus rapidement.

Après leur naissance, les oisillons restent bien à l'abri sous terre durant deux semaines. À mesure qu'ils grandissent, le nid devient trop petit pour la famille, qui doit alors partir s'installer dans des terriers avoisinants.

Si un blaireau ou un autre prédateur essaie de pénétrer dans le terrier, les oisillons émettent un sifflement. S'ils ont de la chance, leur assaillant sera dupé et croira qu'un serpent se cache à l'intérieur!

En fait, la chevêche des terriers est capable d'émettre au moins 17 sons différents : en plus de hululer, elle glousse, roucoule et piaille. HOU! HOU! Que dites-vous?

CHAPITRE 5

Le coyote

À première vue, le coyote ressemble à s'y tromper à son cousin, le chien. Mais dès qu'il ouvre la gueule, on peut entendre la différence. Le coyote a une voix très aiguë. Il peut aboyer, glapir, crier, gémir et hurler. Les jeunes coyotes essaient parfois d'imiter leurs parents. On croirait entendre des violons qui grincent!

Quand les bébés coyotes naissent, au printemps, ils sont aveugles et sans défense. Ils restent cachés dans une tanière avec leur mère. Le père protège le gîte et apporte de la nourriture pour toute sa famille.

En grandissant, les jeunes coyotes sont pleins d'entrain. Ils aiment se battre, courir, mâchouiller des choses de toutes sortes et même lancer des bâtons en l'air.

Une fois adultes, les coyotes sont très astucieux. Ils sont capables de s'adapter à presque n'importe quelle situation. Par exemple, ils emploient une méthode de chasse différente selon la proie qu'ils doivent attraper. Pour les petits animaux, comme les souris, ils chassent seuls en se servant de leur flair. Quand l'un d'eux trouve une souris, il bondit sur elle.

À d'autres moments, ils chassent à deux.
L'un des coyotes poursuit l'animal en
direction de son partenaire. Celui-ci se
cache et attend que son repas arrive.
Ensuite, les partenaires inversent les rôles.

Parfois, le coyote suit un blaireau. Quand
le blaireau commence à creuser le terrier
d'une proie, le coyote se poste près d'une
autre entrée et saisit l'animal, quel qu'il
soit, qui essaie de s'enfuir par là. À ton
avis, est-ce que cet arrangement fait
l'affaire du blaireau?

CHAPITRE 6

Le scinque des Prairies

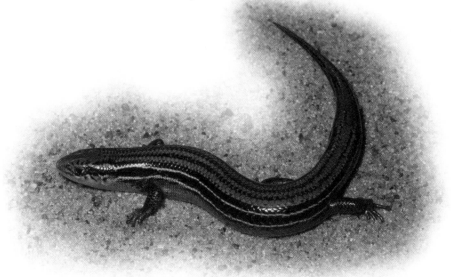

Savais-tu qu'il existe un désert dans les prairies? Il y a des milliers d'années, la région de Carberry Sandhills, dans le Manitoba, était la rive d'un lac géant. Quand le lac s'est asséché, il est resté une étendue de dunes de sable onduleuses.

Dans cette région, on retrouve beaucoup de plantes et d'animaux uniques en leur genre. Le scinque des Prairies est un de ceux-là. En fait, on ne trouve ce reptile nulle part ailleurs au Canada.

Le scinque est un petit lézard, à peu près de la longueur de ta main. Il passe une grande partie de sa vie dissimulé sous des troncs d'arbres, dans des terriers peu profonds ou même sous des morceaux de carton abandonnés.

Si tu étais un scinque, tes mets préférés comprendraient des grillons, des sauterelles, des araignées et d'autres insectes, ainsi que leurs larves et leurs œufs. Tout à fait en bas de la liste, il y aurait les fourmis. Bien que celles-ci soient très nombreuses, le scinque déteste les manger. On ignore pourquoi, et le scinque n'en parle pas...

Les scinques peuvent être très colorés.
Les petits sont faciles à repérer à cause
de leur longue queue bleu vif. Quand ils
grandissent, le bleu pâlit.

À la saison des amours, la gorge des
mâles se couvre de taches d'un orange
éclatant. Cette coloration les aide à attirer
les femelles.

Ces couleurs vives attirent aussi l'attention des prédateurs, bien sûr. Serpents à groin, faucons, chouettes, ratons laveurs et souris se nourrissent tous de scinques.

Mais le scinque a une façon astucieuse de se défendre. Si un animal ou une personne saisit sa longue queue, celle-ci se détache, tout simplement. Elle peut même frétiller et sautiller toute seule pendant un bon moment, jusqu'à 15 minutes! En général, le chasseur est tellement surpris que le scinque a le temps de s'enfuir. Sa queue repoussera, mais elle sera plus courte qu'avant.

CHAPITRE 7

Le renard roux

Malgré son nom, ce renard n'est pas toujours roux. Il peut être brun foncé ou noir, et son dos peut arborer des marques croisées. Certains sont noirs et ont des extrémités blanches. D'autres sont argentés. Et même le pelage roux peut être plus ou moins foncé. Il arrive souvent que les renardeaux d'une même portée présentent chacun une de ces teintes ou de ces marques.

Dans les contes,
le renard est
habituellement
très intelligent
et rusé, et on ne
peut guère lui
faire confiance.

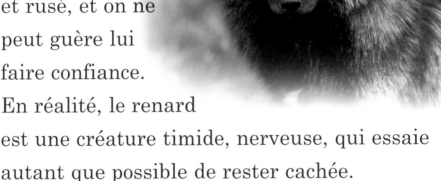

En réalité, le renard
est une créature timide, nerveuse, qui essaie
autant que possible de rester cachée.

Mais les contes ont raison
sur un point : le renard
est intelligent.
Par exemple,
certains renards
ont appris à
attraper du poisson
en sautant dans l'eau,
en plein sur un banc
de truites grises!

Le renard appartient à la même famille que le chien, le loup et le coyote. Comme ses cousins plus grands, il se sert de son odorat très développé pour flairer les œufs ou toute autre nourriture. Il est capable de percevoir de très loin le moindre mouvement. Et son ouïe fine l'aide à dénicher des animaux et des insectes, même si ceux-ci sont cachés sous terre.

Le fait d'appartenir à la même famille ne veut pas dire qu'on est amis pour autant. Un renard constitue un délicieux repas pour un coyote. Et, dans la chasse au renard traditionnelle, les chasseurs se servaient de chiens pour débusquer le renard et le traquer vers les terrains découverts.

En général, un couple de renards reste ensemble pour la vie. La renarde élève ses renardeaux dans une tanière, souvent creusée à même le terrier d'une marmotte. Le mâle apporte de la nourriture dans la tanière pour la femelle et ses petits.

Au bout de quelques semaines, les deux parents vont chasser et rapportent des souris, des campagnols et d'autres petits animaux encore vivants. Les petits apprennent à chasser en jouant avec leur souper. Ils laissent l'animal s'échapper, puis bondissent sur lui et... le dévorent!

CHAPITRE 8

L'antilocapre

Bien que son nom ressemble à celui de l'antilope, l'antilocapre n'appartient pas à la même famille. En fait, aucun animal ne ressemble exactement à une antilocapre. Certains animaux, comme le cerf et le caribou, ont de longs bois qui tombent chaque année, puis repoussent. Les chèvres et les moutons ont de petites cornes qui ne tombent jamais.

L'antilocapre a de petites cornes permanentes, comme les chèvres. Mais les cornes des mâles ont un prolongement qui tombe à l'automne, comme les bois des cerfs. Les ramifications poussent dans deux directions. Chacune d'elle présente une petite pointe dirigée vers l'avant. Voilà pourquoi l'antilocapre est particulière.

Et il y a autre chose qui la rend unique.
C'est l'animal terrestre le plus rapide de
l'Amérique du Nord. En fait, c'est l'un des
animaux les plus rapides du monde.
En vitesse de pointe, l'antilocapre peut
galoper à presque 100 kilomètres à
l'heure... à peu près aussi vite qu'une
voiture sur une autoroute!

Quelques animaux, comme le guépard, sont
plus rapides qu'elle sur de courtes distances.
Mais l'antilocapre est capable de garder son
allure beaucoup plus longtemps.

Comment fait-on pour arrêter l'animal terrestre le plus rapide de l'Amérique du Nord? C'est très facile : on dresse une clôture. On ignore pourquoi, mais l'antilocapre ne saute pas par-dessus les clôtures. Elle préfère se glisser en dessous ou se faufiler dans une brèche... si elle le peut. Quand les colons ont commencé à poser des clôtures dans les prairies, les antilocapres n'ont plus été capables de se déplacer. Elles étaient coincées et les prédateurs pouvaient les chasser plus facilement. La population d'antilocapres a alors baissé.

L'antilocapre est enjouée et curieuse.
Parfois, elle court à côté d'une voiture,
puis la dépasse et traverse la route devant
le conducteur stupéfait!

Il arrive souvent qu'une antilocapre
s'approche d'un objet ou d'une activité
inhabituels pour les observer. Mais quand
elle sent un danger, elle hérisse les poils
blancs situés sur sa croupe, pour avertir
ses semblables. Ces poils hérissés
ressemblent un peu à une fleur épanouie!

CHAPITRE 9

La buse à queue rousse

Bien haut dans les airs, au-dessus d'un champ de blé, une buse à queue rousse vole paresseusement en formant de grands cercles. Elle bat à peine des ailes car elle se laisse porter par les courants d'air ascendants.

Puis, brusquement, la buse fond sur le champ. En approchant du sol, elle étend ses pattes et saisit un minuscule mulot. Elle remonte ensuite sans effort et se perche au sommet d'un poteau téléphonique où elle dégustera sa proie.

La buse a une excellente vue. De très haut dans les airs, elle est capable de repérer de minuscules créatures qui courent dans les broussailles. Ses pattes sont munies de griffes acérées appelées « serres ». Celles-ci lui permettent de saisir les animaux après avoir fondu sur eux. Et son bec crochu lui sert à déchiqueter ses proies.

En revanche, la buse n'a pas de dents. Elle ne peut donc pas mâcher sa nourriture. Il faut qu'elle l'avale en morceaux. Les matières qu'elle n'arrive pas à digérer, comme les poils et les os, vont dans une partie de sa gorge appelée « jabot ». Là, les déchets forment une petite boule appelée « boulette de régurgitation », que la buse recrachera par la suite.

On peut savoir exactement quels animaux une buse a mangés en regardant les os contenus dans ses boulettes de régurgitation. Une buse à queue rousse se nourrit surtout de souris, d'écureuils et d'autres petits animaux. Mais il lui arrive de s'attaquer à des bêtes plus grosses comme des ratons laveurs, des porcs-épics, des belettes, des chats et même des mouffettes!
La buse à queue rousse est l'un des seuls animaux à ne pas être dérangés par l'odeur de la mouffette.

La buse à queue rousse bâtit son nid au sommet des arbres. Elle préfère nicher dans des zones boisées, situées à proximité des champs, pour pouvoir chasser facilement. Son nid mesure environ un mètre de largeur et peut atteindre près d'un mètre de profondeur. Bien souvent, un couple de buses à queue rousse retournera dans le même nid d'une année à l'autre... sauf si des grands-ducs d'Amérique s'en emparent pendant son absence.

Les parents veillent à ce qu'il y ait toujours une branche couverte de feuillage frais dans le nid. Les scientifiques ignorent pourquoi. Les feuilles servent peut-être à cacher les oisillons et à les protéger du soleil. À moins que ce ne soit une façon pour les buses de décorer leur intérieur!

CHAPITRE 10

Le bison

On entend un grondement lointain. Puis le bruissement de l'herbe. Le sol se met à trembler. Un nuage de poussière grise s'élève. Le grondement devient un RUGISSEMENT ASSOURDISSANT. Et soudain, ils sont là : un immense troupeau de bisons au galop!

Mieux vaut s'écarter...

De nos jours, tu ne verras probablement jamais un immense troupeau de bisons en train de galoper dans les prairies puisqu'il ne reste plus que quelques petits troupeaux. Mais il y a 300 ans, des dizaines de millions de bisons peuplaient les immensités herbeuses. S'ils prenaient peur, ils se mettaient à courir. Une fois lancés dans leur course, rien ne pouvait les arrêter!

Vu de face, le bison semble appartenir à la période glaciaire. Avec ses deux mètres de haut, il est le plus grand animal terrestre de l'Amérique du Nord. De longs poils hirsutes et feutrés pendent de sa tête, de sa face, de ses épaules et de ses pattes de devant. Une bosse située entre ses épaules l'oblige à baisser la tête vers le sol. Deux cornes poussent de part et d'autre de sa tête. Ses narines sont énormes et noires, et sa langue est bleue.

Cela fait peur, non? Pourtant, le bison est un animal paisible qui veut brouter l'herbe sans être dérangé.

Le bison aime aussi se vautrer dans la boue. C'est un spectacle vraiment étonnant que de voir une bête aussi énorme s'allonger sur le dos pour se rouler dans la poussière. Mais une fois qu'on connaît l'explication de ce comportement bizarre, on comprend. Comme nous, le bison est constamment dérangé par les mouches et par d'autres insectes. La poussière calme les démangeaisons.

En général, une bisonne donne naissance à un seul petit à la fois. La gestation dure près de 10 mois et les bisonneaux naissent au printemps. Une fois qu'ils arrivent à se tenir sur leurs pattes, les bisonneaux sont pleins d'entrain. Ils aiment gambader et galoper près de leur mère.

Un bison nouveau-né peut peser jusqu'à 20 kilogrammes. Lorsqu'une femelle atteint l'âge de quatre ans, elle pèse 20 fois plus. Le mâle, lui, continue à grossir peu à peu, toute sa vie. Comme il vit au moins 20 ans, il n'est pas surprenant qu'il devienne si gros!

Les animaux des prairies ont dû s'adapter aux changements causés par les humains. Mais les humains ont aussi appris à s'adapter.

Par exemple, les fermiers avaient l'habitude de traiter les buses et les coyotes comme des ennem. À présent, la plupart des fermiers savent que ces animaux jouent un rôle important dans la vie des prairies. En effet, ils contribuent à réduire le nombre de souris et de lièvres qui dévorent les cultures.

Dans les airs, sur le sol et sous terre, les animaux des prairies sont réellement étonnants!